Date Night Coupons for Married Couples

THIS BOOK BELONGS TO:

....

....

**GOOD COMPANY ON
THE ROAD IS THE SHORTEST CUT**

BOWLING DATE

DATE: _____

**GOOD COMPANY ON
THE ROAD IS THE SHORTEST CUT**

FOOD CRAWL DATE

DATE: _____

**GOOD COMPANY ON
THE ROAD IS THE SHORTEST CUT**

COFFEE DATE

DATE: _____

**GOOD COMPANY ON
THE ROAD IS THE SHORTEST CUT**

BALLET DATE

DATE: _____

**GOOD COMPANY ON
THE ROAD IS THE SHORTEST CUT**

WATERSKIING DATE

DATE: _____

**GOOD COMPANY ON
THE ROAD IS THE SHORTEST CUT**

BEACH DATE

DATE: _____

**GOOD COMPANY ON
THE ROAD IS THE SHORTEST CUT**

BIRDWATCHING DATE

DATE: _____

**GOOD COMPANY ON
THE ROAD IS THE SHORTEST CUT**

PARK DATE

DATE: _____

**GOOD COMPANY ON
THE ROAD IS THE SHORTEST CUT**

ROCK CLIMBING DATE

DATE: _____

**GOOD COMPANY ON
THE ROAD IS THE SHORTEST CUT**

CIRCUS DATE

DATE: _____

**GOOD COMPANY ON
THE ROAD IS THE SHORTEST CUT**

BOAT RIDE DATE

DATE: _____

**GOOD COMPANY ON
THE ROAD IS THE SHORTEST CUT**

ICE CREAM DATE

DATE: _____

**GOOD COMPANY ON
THE ROAD IS THE SHORTEST CUT**

TRIVIA NIGHT

DATE: _ _ _ _ _ _ _ _ _ _ _ _ _

**GOOD COMPANY ON
THE ROAD IS THE SHORTEST CUT**

BORD GAMES NIGHT

DATE: _ _ _ _ _ _ _ _ _ _ _ _ _

**GOOD COMPANY ON
THE ROAD IS THE SHORTEST CUT**

ROLLER SKATING DATE

DATE: _____

**GOOD COMPANY ON
THE ROAD IS THE SHORTEST CUT**

SPA NIGHT

DATE: _____

**GOOD COMPANY ON
THE ROAD IS THE SHORTEST CUT**

PINK-PONG NIGHT

DATE:_____

**GOOD COMPANY ON
THE ROAD IS THE SHORTEST CUT**

BIKE RIDE

DATE:_____

GOOD COMPANY ON
THE ROAD IS THE SHORTEST CUT

FISHING DATE

DATE:_____

GOOD COMPANY ON
THE ROAD IS THE SHORTEST CUT

BREAKFAST DATE

DATE:_____

**GOOD COMPANY ON
THE ROAD IS THE SHORTEST CUT**

YOGA NIGHT

DATE: _____

**GOOD COMPANY ON
THE ROAD IS THE SHORTEST CUT**

BASKETBALL NIGHT

DATE: _____

**GOOD COMPANY ON
THE ROAD IS THE SHORTEST CUT**

ADVENTURE DATE

DATE: _____

**GOOD COMPANY ON
THE ROAD IS THE SHORTEST CUT**

COMEDY SHOW DATE

DATE: _____

**GOOD COMPANY ON
THE ROAD IS THE SHORTEST CUT**

BBQ NIGHT

DATE: _____

**GOOD COMPANY ON
THE ROAD IS THE SHORTEST CUT**

CARNIVAL NIGHT

DATE: _____

GOOD COMPANY ON
THE ROAD IS THE SHORTEST CUT

CHESS EVENING

DATE: _____

GOOD COMPANY ON
THE ROAD IS THE SHORTEST CUT

TENNIS NIGHT

DATE: _____

**GOOD COMPANY ON
THE ROAD IS THE SHORTEST CUT**

NATURE DATE

DATE:_____

**GOOD COMPANY ON
THE ROAD IS THE SHORTEST CUT**

JAZZ CLUB NIGHT

DATE:_____

**GOOD COMPANY ON
THE ROAD IS THE SHORTEST CUT**

GO SHOPPING

DATE: _____

**GOOD COMPANY ON
THE ROAD IS THE SHORTEST CUT**

FITNESS EVENING

DATE: _____

GOOD COMPANY ON THE ROAD IS THE SHORTEST CUT

GO ON A MINI TRIP

DATE: _____

GOOD COMPANY ON THE ROAD IS THE SHORTEST CUT

GO FOR A RUN

DATE: _____

**GOOD COMPANY ON
THE ROAD IS THE SHORTEST CUT**

RIDE A FERRY

DATE: _____

**GOOD COMPANY ON
THE ROAD IS THE SHORTEST CUT**

GO TO A LIBRARY

DATE: _____

**GOOD COMPANY ON
THE ROAD IS THE SHORTEST CUT**

GAME NIGHT DATE

DATE: _____

**GOOD COMPANY ON
THE ROAD IS THE SHORTEST CUT**

ICE SKATING DATE

DATE: _____

**GOOD COMPANY ON
THE ROAD IS THE SHORTEST CUT**

SPA NIGHT DATE

DATE: _____

**GOOD COMPANY ON
THE ROAD IS THE SHORTEST CUT**

WEEKEND GETAWAY

DATE: _____

**GOOD COMPANY ON
THE ROAD IS THE SHORTEST CUT**

MOVIE NIGHT DATE

DATE:_____

**GOOD COMPANY ON
THE ROAD IS THE SHORTEST CUT**

PICNIC DATE

DATE:_____

**GOOD COMPANY ON
THE ROAD IS THE SHORTEST CUT**

MINI GOLF DATE

DATE:_____

**GOOD COMPANY ON
THE ROAD IS THE SHORTEST CUT**

THEATRE DATE

DATE:_____

**GOOD COMPANY ON
THE ROAD IS THE SHORTEST CUT**

MUSIC FESTIVAL DATE

DATE:_____

**GOOD COMPANY ON
THE ROAD IS THE SHORTEST CUT**

CAMPING DATE

DATE:_____

**GOOD COMPANY ON
THE ROAD IS THE SHORTEST CUT**

MUSEUM DATE

DATE:_____

**GOOD COMPANY ON
THE ROAD IS THE SHORTEST CUT**

HORSEBACK RIDING DATE

DATE:_____

**GOOD COMPANY ON
THE ROAD IS THE SHORTEST CUT**

ART GALLERY DATE

DATE:_____

**GOOD COMPANY ON
THE ROAD IS THE SHORTEST CUT**

OPERA DATE

DATE:_____

Manufactured by Amazon.ca
Bolton, ON